BEI GRIN MACHT SICH IHR WISSEN BEZAHLT

- Wir veröffentlichen Ihre Hausarbeit,
  Bachelor- und Masterarbeit

- Ihr eigenes eBook und Buch -
  weltweit in allen wichtigen Shops

- Verdienen Sie an jedem Verkauf

Jetzt bei www.GRIN.com hochladen und kostenlos publizieren

GRIN

Sebastian Löbbert

Das IS-LM-Modell - Analyse mit Grafik und Rechenweg

GRIN Verlag

Bibliografische Information der Deutschen Nationalbibliothek:

Die Deutsche Bibliothek verzeichnet diese Publikation in der Deutschen National-
bibliografie; detaillierte bibliografische Daten sind im Internet über http://dnb.d-
nb.de/ abrufbar.

Dieses Werk sowie alle darin enthaltenen einzelnen Beiträge und Abbildungen
sind urheberrechtlich geschützt. Jede Verwertung, die nicht ausdrücklich vom
Urheberrechtsschutz zugelassen ist, bedarf der vorherigen Zustimmung des Verla-
ges. Das gilt insbesondere für Vervielfältigungen, Bearbeitungen, Übersetzungen,
Mikroverfilmungen, Auswertungen durch Datenbanken und für die Einspeicherung
und Verarbeitung in elektronische Systeme. Alle Rechte, auch die des auszugsweisen
Nachdrucks, der fotomechanischen Wiedergabe (einschließlich Mikrokopie) sowie
der Auswertung durch Datenbanken oder ähnliche Einrichtungen, vorbehalten.

Impressum:

Copyright © 2010 GRIN Verlag GmbH
Druck und Bindung: Books on Demand GmbH, Norderstedt Germany
ISBN: 978-3-640-88506-0

Dieses Buch bei GRIN:

http://www.grin.com/de/e-book/169984/das-is-lm-modell-analyse-mit-grafik-und-
rechenweg

GRIN - Your knowledge has value

Der GRIN Verlag publiziert seit 1998 wissenschaftliche Arbeiten von Studenten, Hochschullehrern und anderen Akademikern als eBook und gedrucktes Buch. Die Verlagswebsite www.grin.com ist die ideale Plattform zur Veröffentlichung von Hausarbeiten, Abschlussarbeiten, wissenschaftlichen Aufsätzen, Dissertationen und Fachbüchern.

Besuchen Sie uns im Internet:

http://www.grin.com/

http://www.facebook.com/grincom

http://www.twitter.com/grin_com

Facharbeit

IS-LM-Modell

Analyse mit Grafik
und Rechenweg

Facharbeit im Fach Volkswirtschaftslehre

Carl-Severing-Berufskolleg Bielefeld

vorgelegt von

Sebastian Löbbert

Bielefeld, Mai 2010

Inhaltsverzeichnis:

Verzeichnis der wichtigsten Symbole

a   Autonome Ausgaben

B^D Wertpapiernachfrage

B^S Wertpapierangebot

C   Konsumausgaben

c_0 Konsumausgaben, autonom

c_1 Marginale Konsumneigungen

I   Investitionen

i   Zinssatz

k_0, k_1 Parameter der Kassenhaltungsfunktion

k_1 Kassenhaltungskoeffizient

L   Liquidität

L_S Spekulationskasse

L_T Transaktionskasse

M^D Geldnachfrage

M^S Geldangebot

M_0 Geldmenge

m_0 Autonome Investitionen

m_1 Parameter der Investitionsfunktion

n_1 Parameter der Geldnachfragefunktion

S   Sparen

s_1 Marginale Sparquote

Y   Sozialprodukt, Einkommen

Y^D Gesamtwirtschaftliche Güternachfrage

Y^S Gesamtwirtschaftliches Güterangebot

Einleitung:

Diese Facharbeit ist im Rahmen einer schriftlichen Leistung am Carl-Severing-Berufskolleg im Fach Volkswirtschaftslehre entstanden.

Sie ist so geschrieben, dass sie für alle Schüler verständlich ist. Daher erkläre ich die Theorie von Grund auf und beschränke mich auf das „Stammmodell", da eine Differenzierung zwischen dem Modell von Hicks und Keynes den vereinbarten Rahmen dieser Facharbeit überschreiten würde.

Zu Beginn erkläre ich kurz, welche Rolle Sir Hicks zum IS-LM-Modell beigetragen hat.

Danach werde ich die Prämissen erklären, die für die ganze Facharbeit gelten.

Anschließend werde ich die Bestandteile von IS und LM erklären, sodass das Marktgleichgewicht ausgehend vom Gleichgewicht des Gütermarkts und vom Gleichgewicht des Geldmarkts berechnet werden kann.

Folgend erkläre ich IS-LM-Modell, stelle es in einem Diagramm dar und zeige, wie man es mathematisch berechnet. Zuletzt stelle ich noch einige Probleme vor, die auftreten können, wenn sich Punkte von den Kurven entfernen und wie dann vorzugehen ist.

Rolle von Sir Hicks:

„Ich kann nicht bestreiten, eine gewisse Verantwortung für das IS-LM-Diagramm zu tragen, das in weiten Kreisen, wenn auch nicht überall, als eine geeignete Synopse der Keynesianischen Theorie gilt. Es wurde das erste Mal in meinem Artikel „Mr Keynes and the Classics" (1937) veröffentlicht, der nur acht Monate nach der Publikation der General Theorie (Keynes 1936), für eine Tagung der Economic Society in Oxford im September 1936 geschrieben wurde [...]. Und dies ist nicht meine einzige Beziehung zu dem Diagramm; ich benutzte es in einigen Kapiteln (11-12) meines Buches The Trade Cycle (1950) und in einem Artikel, der unter der Überschrift „The Classics Again" in meinem Critical Essays (1967) erschien. Jedoch habe ich nie verschwiegen, daß ich selbst im Laufe der Zeit mit dem IS-LM-Diagramm unzufrieden geworden bin. [...] In meiner Rekonstruktion der Keynesianischen Theorie, die ich etwa zur gleichen Zeit veröffentlichte (1974), ist es nicht zu finden."[1]

Jedoch hatte Sir Hicks bereits zwei Artikel[2] über das dynamische Modell veröffentlicht, bevor er die General Theorie von Keynes las. Daher lässt sich herleiten, dass er das Modell bereits im Kopf hatte, bevor es von Keynes veröffentlicht wurde.

Es gibt allerdings zwei nicht unwesentliche Unterschiede zum Modell von Keynes.

Der erste Unterschied ist, dass Sir Hicks ein Flexpreismodell verwendet. Bei diesem sind alle Preise flexibel und es herrscht vollkommene Konkurrenz. Der Nachteil dieser Annahme ist jedoch, dass hier immer Vollbeschäftigung herrscht. Bei Keynes hingegen ist die Höhe des Geldlohnes exogen und damit ist auch eine Unterbeschäftigung möglich.

Der zweite Unterschied, der wesentlich wichtiger ist, ist der betrachtete Zeitraum. Sir Hicks verwendet in seinem Modell eine „ultra-kurze Periode", welche ca. einer Woche entspricht. Im Gegensatz zu Hicks verwendet Keynes eine „kurze Periode", welche ca. einem Jahr entspricht.

Sir Hicks wählte seinen Zeitraum, um auszuschließen, dass viele Störgrößen des Marktes sein Ergebnis verfälschen.[3]

---

[1] Das IS-LM-Modell – Entstehung und Wandel S.59 (IS-LM: Eine Erläuterung von Sir John Hicks, übersetzt von Dipl.-Vw. Christoph Kind), im Original teilweise kursiv

[2] „Suggestions for Simplifying"(1935a) und „Wages and Interests: The Dynamic Problem"(1935b)

[3] Das IS-LM-Modell – Entstehung und Wandel S.60/61

Prämissen:

1) Es wird in allen Fällen davon ausgegangen, dass ein partielles Gleichgewicht herrscht. Das heißt:

$$Y = C + I$$

Einkommen = Konsum + Investitionen

2) Das Volkseinkommen bzw. Einkommen hat das Zeichen Y. Wobei hier noch unterschieden wird zwischen Y^S, dem gesamtwirtschaftlichen Güterangebot, und Y^D, der gesamtwirtschaftlichen Güternachfrage.

In den folgenden Theorien gehen wir davon aus, dass $Y^S = Y^D$ ist.

Y^S und Y^D sind gleich groß, solange das Angebot als die Menge von Ware definiert wird, die die Verkäufer zu einem bestimmten Zeitpunkt, unter den genau zu diesem Zeitpunkt herrschenden Bedingungen anzubieten bereit sind. Die Verkäufer könnten die Lagerbestände später zu einem anderen Preis anbieten. Das heißt, dass die Lagerbestände Teil des Zukünftigen und nicht des Momentanen sind.

Daraus folgt, dass das momentane Angebot gleich der momentanen Nachfrage ist, da jeder Kauf eines Produktes zwei Seiten hat.[4]

Dasselbe gilt auch für den Geld- und Wertpapiermarkt. Das heißt, das Walras'sche Gesetz tritt in Kraft.[5]

$$\underbrace{(Y^D - Y^S)}_{\text{Geldmarkt}} + \underbrace{(M^D - M^S)}_{\text{Gütermarkt}} + \underbrace{(B^D - B^S)}_{\text{Wertpapiermarkt}} = \underbrace{0}_{\text{Überschussnachfrage}}$$

3) Der Wirtschaftskreislauf befindet sich in einer geschlossenen Wirtschaft. Das heißt, das Ausland wird nicht berücksichtigt. Es gibt keine Im- oder Exporte.

4) Es wird davon ausgegangen, dass Investitionen und Sparen keine Auswirkungen auf die Kapazität bzw. auf das Vermögen haben. Es findet also kein Wachstum der Wirtschaft statt.[5]

---

[4] vgl. Das IS-LM-Modell - Entstehung und Wandel, S.12-13

[5] vgl. Das IS-LM-Modell - Universität Bremen, S.3

IS-Kurve:

Die IS-Kurve ist die Übereinstimmung vom geplanten Sparen und geplanten Investitionen. Es ist ebenfalls auch die Übereinstimmung des geplanten gesamtwirtschaftlichen Angebots (Y^S) und der geplanten gesamtwirtschaftlichen Nachfrage (Y^D). Daher beschreibt die IS-Kurve das Gleichgewicht auf dem Gütermarkt.[6]

„Wenn man nun wieder die Klassiker annimmt, dass die Investitionen ausschließlich fremdfinanziert werden und dass die Haushalte durch Halten von Bonds sparen, ergibt sich die berühmte IS-Kurve."[7]

$$I(i) = S(Y)$$

Das heißt, dass die Investitionen, die abhängig vom Zinssatz sind, dem Ersparten, welches abhängig vom Einkommen ist, entsprechen.[6]

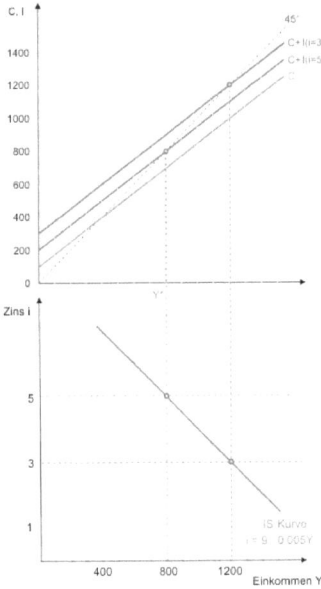

Die Abb. 1 zeigt in der oberen Grafik drei Geraden, von den zwei aus dem Konsum plus Investitionen mit unterschiedlichen Zinssätzen zusammengesetzt sind. Der Konsum wird mit der Formel $C = c_0 + c_1 Y$ berechnet.[8] Das heißt, c_0 ist der autonome Konsum. Dies ist der Konsum der fix ist, wie z. B. Nahrungsmittel, Miete etc. c_1 ist die marginale Konsumneigung. Es ist der zusätzliche Konsum. Das heißt, je höher das Einkommen ist, desto mehr kann konsumiert werden. Die 45°-Linie soll das gesamtwirtschaftliche Güterangebot beschreiben. Da in der keynesianischen Einkommens- und Beschäftigungstheorie unterstellt wird, dass das Gesamtangebot auf dem Gütermarkt unbegrenzt und elastisch ist.[9] Die gelbe Kurve ist von weniger Bedeutung, da sie nur den gesamten Konsum aufzeigt.

Abb. 1

Die grüne Kurve ist dagegen bedeutender, da sie die Investitionen bzw. den Zinssatz von 5% berücksichtigt. Das Gleiche gilt für die rote Kurve, die einen Zinssatz von 3% hat.

Bei diesen beiden Kurven spielt der Schnittpunkt mit der 45°-Linie eine entscheidende Rolle.

---

[6] vgl. www.makroo.de, Die IS-Kurve
[7] Grundzüge der analytischen Makroökonomie S.79. im Original nicht kursiv
[8] vgl. Einführung in die Makroökonomie S.43
[9] vgl. Einführung in die Makroökonomie S.30

Die beiden Schnittpunkte der roten und grünen Linie mit der 45°-Linie, werden über die gestrichelten Linien, nach unten auf das andere Diagramm übertragen. Aus diesen beiden Punkten, die sich auf der jeweiligen Höhe von i befinden, lässt sich nun eine Linie bilden. Dies ist die IS-Kurve, die in Abhängigkeit vom Zinssatz und Einkommen dargestellt wird.

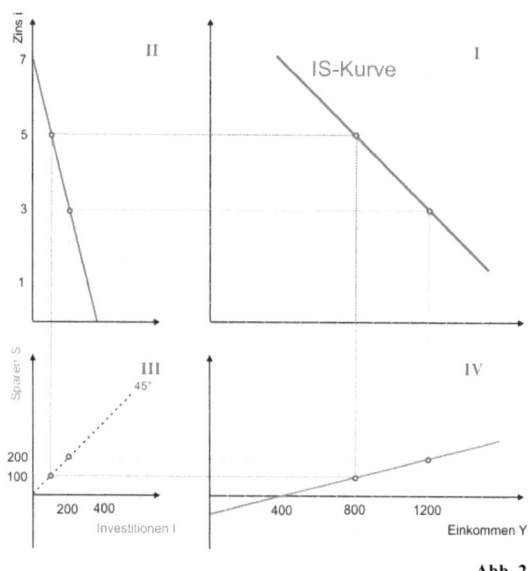

Abb. 2

Abb. 2 ist vom Prinzip her genau gleich wie Abb. 1, nur das hier das Sparen expliziter berücksichtigt und der Konsum vernachlässigt wird. Die grüne Kurve ist die Investitionsfunktion in Abhängigkeit von i und Y und die hellblaue Kurve ist die Sparfunktion in Abhängigkeit von S und Y. Die 45°-Linie beschreibt wieder das gesamtwirtschaftliche Güterangebot, das proportional ist.

Zur Vereinfachung wurden hier dieselben Werte wie in Abb. 1 genommen. Alle Punkte werden wieder mit den anderen Diagrammen verbunden, um die IS-Kurve zu erstellen.

Doch was ist, wenn I und S mal nicht im Gleichgewicht sind?

In Abb. 3 kann man sehen, dass der Punkt P nicht auf der IS-Kurve liegt. Die Ursache lässt sich erkennen, wenn man den dritten Quadranten genauer betrachtet. Man sieht, dass Investitionen von 200 € getätigt werden. Es werden aber nur 100 € gespart. Dadurch verschiebt sich, wie in diesem Beispiel, der Punkt P' unter die 45°-Linie. Das heißt, dass I > S ist und dadurch ergibt sich eine Überschussnachfrage oder inflatorische Lücke. Der Punkt kann natürlich auch überall anders unter der 45°-Linie liegen, damit sich eine Überschussnachfrage ergibt. Wenn der Punkt P' unterhalb der 45°-Linie liegt, dann liegt der Punkt P auch immer unter der IS-Kurve. Sollte der Fall auftreten, dass I < S ist, dann ist der Punkt oberhalb der 45°-Linie bzw. der IS-Kurve und es ergibt sich ein Überschussangebot oder deflatorische Lücke.

Jetzt ist noch die Frage offen, was die Wirtschaftssubjekte tun, wenn ein solcher Fall eintritt. Wenn eine Überschussnachfrage herrscht, dann werden die Unternehmen wahrscheinlich ihre Produktion soweit ausbauen, bis das Gleichgewicht wieder hergestellt ist. Im Falle eines Überschussangebots mindern sie ihre Produktion.

Allerdings könnte berechtigterweise die Frage entstehen, warum das Gleichgewicht nicht über den Zins hergestellt wird. Die Antwort ist ganz einfach: Der Zins wird bei der LM-Kurve bestimmt und ist laut Keynes in der IS-Kurve exogen.[6]

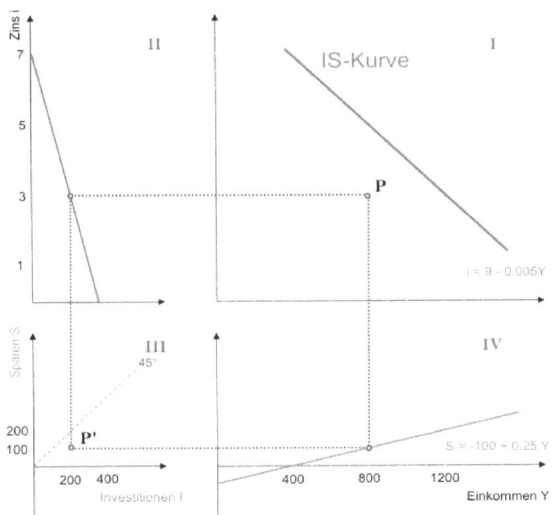

Abb. 3

---

[6] vgl. www.Markoo.de, IS-Kurve

LM-Kurve:

Geldnachfrage = Geldangebot

L = M

↙　　↘

Transaktionskasse　　Spekulationskasse

Bevor ich die LM-Kurve erläutere, muss noch geklärt werden, was die Transaktions- und die Spekulationskasse bedeuten.

Die **Transaktionskasse** ist das Geld, welches in Form von M1, also Bargeld oder Sichtguthaben, zu einem bestimmten Zeitpunkt einer Periode verfügbar ist. Dabei verhalten sich die Kassen von Unternehmen und Haushalten antizyklisch.[10] Verdeutlicht wird dies in Abb. 4.

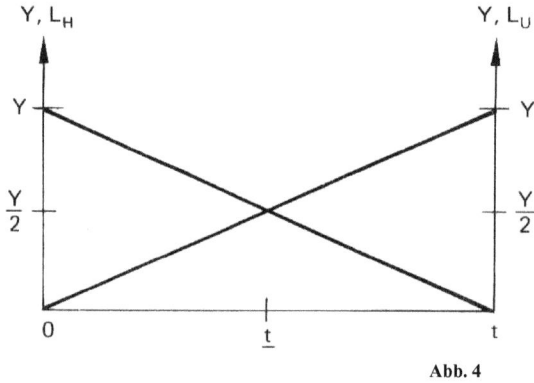

Abb. 4

Hier ist zu sehen, dass den Haushalten am Anfang der Periode ihr ganzes Einkommen zur Verfügung steht. Im Laufe der Periode wird dies kleiner, bis es am Ende aufgebraucht ist. Bei den Unternehmen geschieht dieses in genau umgekehrter Weise.

Vorstellen kann man sich das so: Die Unternehmen zahlen am Anfang des Monats das Einkommen an die Haushalte. Daraufhin müssen die Unternehmen im Laufe des Monats das Geld wieder erwirtschaften, um am Anfang des nächsten Monats das Einkommen der Haushalte auszahlen zu können.

---

[10] vgl. Einführung in die Makroökonomie S.59

Die Transaktionskasse wird mit dem Symbol L_T beschrieben.

Um den Schnittpunkt von Ausgaben der Haushalte und Einkommen der Unternehmen zu bestimmen, muss man den Durchschnitt berechnen. Dieser wird mit

L_T (= durchschnittliche Kassenhaltung) = (Anfangsbestand + Endbestand) / 2

berechnet.

Die Relation von gewünschter und geplanter Kassenhaltung zum erwarteten Volkseinkommen nennt man Kassenhaltungskoeffizient k_1.

Kassenhaltungskoeffizient = durchschnittliche Kassenhaltung / Einkommen[10]

Also: $k_1 = L_T / Y$

Stellt man die Formel um nach $L_T = k_1 \cdot Y$ wird sichtbar, dass wenn mein Einkommen steigt,

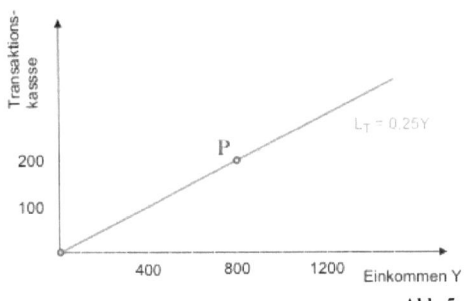

Abb. 5

auch meine Transaktionskasse steigt. Das heißt, je mehr Einkommen ich habe, desto mehr liquides Geld behalte ich. Dadurch entstehen Opportunitätskosten.

Opportunitätskosten ist das Geld, welches ich nicht bekomme durch Zinsen, da ich es in der Transaktionskasse habe.

Die **Spekulationskasse** hat die Funktion der Wertaufbewahrung. Die Wirtschaftssubjekte haben unterschiedliche Vorstellungen über die Entwicklungen der Zinsen. *„Während einige das gegenwärtige Zinsniveau für Hoch halten, werden andere u. U. der gegenteiligen Meinung sein. Das Resultat ist, dass Letztere ein Motiv haben, Spekulationskasse zu halten."*[11] Das heißt, dass sie das Geld in Form von M1 aufbewahren.

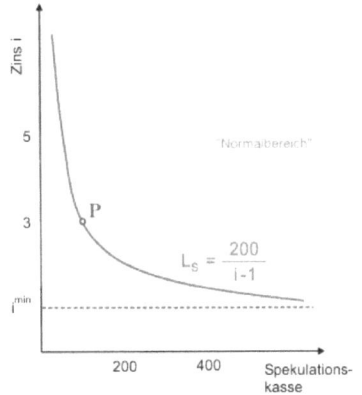

Abb. 6

[10] vgl. Einführung in die Makroökonomie S.59
[11] www.makroo.de, Spekulationskasse. Im Original nicht kursiv

In Abb. 6 wird der Verlauf des Anlegens sehr schnell transparent.

Bei einem hohen Zinssatz sind sich fast alle Wirtschaftssubjekte einig, ihr Geld in Wertpapiere etc. anzulegen. Sinkt der Zinssatz, überlegen sich immer mehr, ihr Geld in der Spekulationskasse zu halten. Allerdings wird davon ausgegangen, dass es einen minimalen Zinssatz i^{min} gibt.

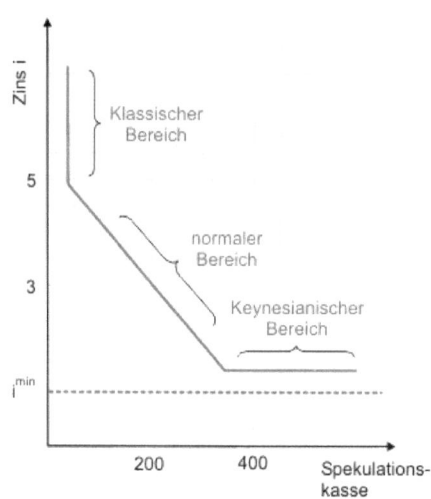

Abb. 7 zeigt denselben, aber vereinfachten, Verlauf der L_S-Kurve wie in Abb. 6. Hier wird die Kurve in drei Bereiche unterteilt. Der erste Bereich ist der klassische. Dieser ist der, in dem alle Wirtschaftssubjekte ihr Geld in Wertpapiere anlegen. Er ist vollkommen unelastisch. Danach geht die Kurve über in den normalen Bereich, der unelastisch ist. In diesem Bereich überlegen die Subjekte, ob sie ihr Geld anlegen sollen. Der dritte Bereich ist der Keynesianische Bereich. Er ist vollkommen elastisch.

Abb. 7 Ist dies der Fall, entsteht die sogenannte Liquiditätsfalle. In ihr ist die Nachfrage nach der Spekulationskasse unendlich.

Die folgende Abb. 8 ähnelt sehr stark der von der IS-Kurve. Vom Prinzip her funktioniert sie genau gleich.

Es kommt jetzt nur noch eine neue Sache hinzu: die angebotene Geldmenge M. Da gerade erläutert wurde, wie sich die Geldnachfrage aus L_T und L_S gebildet wird, ist bei einem Geldmarktgleichgewicht

$$L_T(Y) + L_S(i) = M$$

analytisch gegeben.[12] Diese Gleichung ist im dritten Quadranten zu sehen und beträgt in diesem Beispiel 250 €.

Nun wird wieder dasselbe gemacht wie bei der IS-Kurve. Es werden alle Punkte miteinander verbunden und die Punkte für die LM-Kurve erstellt, welche verbunden werden und die LM-Kurve bildet.

---

[12] vgl. www.makroo.de, Transaktionskasse

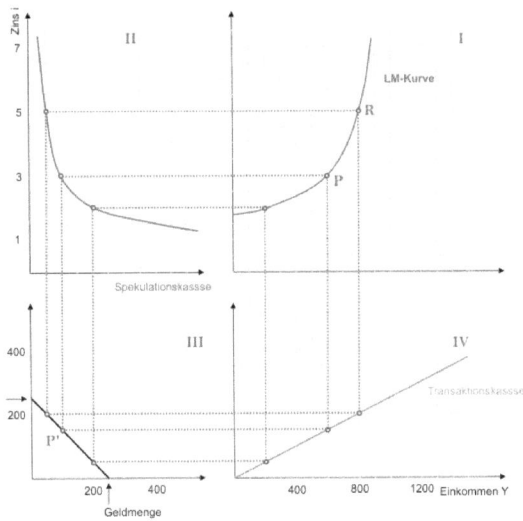

Abb. 8

Sollte sich die Geldmenge erhöhen, verschiebt sich die Gerade im dritten Quadranten proportional nach oben und die LM-Kurve verschiebt sich nach rechts. Die ist in Abb. 9 zu sehen. Über der LM-Kurve herrscht ein Überschussangebot und unterhalb eine Überschussnachfrage.

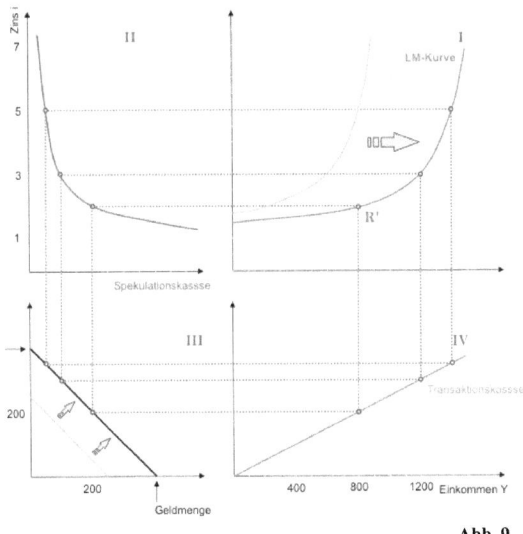

Abb. 9

12

IS-LM-Modell:

Gütermarkt = Geldmarkt

IS = LM

(Investitionen = Sparen) = (Liquidität = Geldmenge)

Das IS-LM-Diagramm zeigt das gesamtwirtschaftliche Gleichgewicht. Um das IS-LM-Diagramm zu erhalten, müssen die IS- und die LM-Kurve zusammengesetzt werden. Dies ist recht einfach, da beide Kurven in einem Diagramm konstruiert wurden, welches in Abhängigkeit vom Zins und Einkommen ist (vgl. Abb. 10).

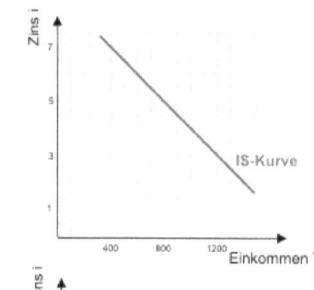

Das Ganze kann auch in mathematischer Form dargestellt werden.

Dafür gehen wir wieder davon aus, das $S(Y) = I(i)$ und $M = L_T(Y) + L_S(i) = L(Y,i)$ ist.

Stellen wir das ganz nach 0 um, ergibt sich:

$a + I(i) - S(Y) = 0$ [13]

$M - L(Y,i) = 0$

Jetzt müssen wir noch S, I und M weiter zerlegen.

Aus vereinfachenden Gründen wurde bislang nicht erwähnt, dass:

$S = -c_0 + s_1 \cdot Y$

$I = m_0 - m_1 \cdot i$

$M_0 = k_1 \cdot Y + (-n_1 \cdot i)$

Dabei sind c_0 und m_0 der autonome Konsum bzw. autonome Investition. n_1 ist ein Spekulationsparameter aus der Spekulationskasse. M_0 entspricht M.

Löst man diese jeweils nach Y_{IS} bzw. Y_{LM} auf, ergeben sich folgende Gleichungen. [14]

Abb. 10

$$Y_{IS} = \frac{a_0}{s_1} - \frac{m_1}{s_1} \cdot i$$

$$Y_{LM} = \frac{M_0}{k_1} + \frac{n_1}{k_1} \cdot i$$

---

[13] a = Autonome Ausgaben
[14] vgl. Einführung in die Makroökonomie S.83/84

Wenn man diese nach i auflöst, erhält man den Zinssatz vom Marktgleichgewicht.

$$i^* = \left(\frac{a_0}{s_1} - \frac{M_0}{k_1}\right) : \left(\frac{m_1}{s_1} + \frac{n_1}{k_1}\right)$$

Das Einkommen vom Marktgleichgewicht erhält man, wenn man es nach Y auflöst.[14]

$$Y^* = \frac{a_0}{s_1} - \frac{m_1}{s_1}\left[\left(\frac{a_0}{s_1} - \frac{M_0}{k_1}\right) : \left(\frac{m_1}{s_1} + \frac{n_1}{k_1}\right)\right]$$

$$= \frac{a_0}{s_1} - \frac{m_1}{s_1}\left[\left(\frac{a_0 k_1 - s_1 M_0}{k_1 s_1}\right) : \left(\frac{m_1 k_1 + n_1 s_1}{k_1 s_1}\right)\right]$$

$$= \frac{a_0}{s_1} - \frac{m_1}{s_1}\frac{(a_0 k_1 - s_1 M_0)}{(m_1 k_1 + n_1 s_1)}$$

$$= \frac{a_0 n_1 + m_1 M_0}{n_1 s_1 + m_1 k_1} \cdot \frac{\left(\frac{1}{n_1 m_1}\right)}{\left(\frac{1}{n_1 m_1}\right)}$$

$$= \left(\frac{a_0 n_1}{n_1 m_1} + \frac{m_1 M_0}{n_1 m_1}\right) : \left(\frac{m_1 k_1}{n_1 m_1} + \frac{n_1 s_1}{n_1 m_1}\right)$$

$$Y^* = \left(\frac{a_0}{m_1} + \frac{M_0}{n_1}\right) : \left(\frac{k_1}{n_1} + \frac{s_1}{m_1}\right)$$

Jetzt ist bekannt wie das Marktgleichgewicht mathematisch bestimmt wird. Es ist jedoch noch ungeklärt, was zu tun ist, wenn die Werte in der Realität vom Optimum abweichen.

Abb. 11 stellt einige Punkte dar, die nicht im Gleichgewicht sind.

Nehmen wir an, dass der Zins bei i_1 liegt. Dann sinken die Investitionen und die Nachfrage nach der Spekulationskasse. Im Gegensatz dazu steigt die Nachfrage nach Transaktionen, da ein hoher Zinssatz die Wertpapiere uninteressant macht. Das allerdings hat zur Folge, dass der Zins sinkt, da die Nachfrage nach der Transaktionskasse steigt. Folglich werden mehr Investitionen getätigt und es werden mehr Wertpapiere gekauft. Im Gegensatz dazu bewirkt die erhöhte Nachfrage nach Wertpapieren dem Zins entgegen, damit dieser nicht den Zinssatz i_2 erreicht.[15]

---

[14] vgl. Einführung in die Makroökonomie S.83/84
[15] vgl. Einführung in die Makroökonomie S.84/85

Der zweite Fall, der eintreten kann, ist, dass das Einkommen höher ist als beim Optimum. Wie hier im Beispiel bei Y_{LM}. Zu beachten ist, dass die Geldmenge im Optimum und in Y_{LM} gleich ist.

Auf dem Geldmarkt ist die Folge davon, dass das Sparen und die Nachfrage nach Transaktionen steigen, was zu einer Zinssteigung führt und das wiederum zu einer abnehmenden Nachfrage nach der Spekulationskasse.

Auf dem Gütermarkt hingegen ist ein niedriger Zins nötig, damit die Investitionen steigen. Jedoch fällt der Zins aufgrund des Geldmarktes. Dies hat die Folge, dass die Unternehmen ihre Investitionen einschränken müssen. Daraus folgt, dass das Einkommen sinkt bis maximal zum Punkt A, da ein Zinssatz von i_1 herrscht. Das sinkende Einkommen allerdings macht wieder Reaktionen auf dem Geldmarkt erforderlich und zwar eine Anpassung der Transaktionskasse. Das heißt, es werden mehr Wertpapiere gekauft und der Zins fällt. Daher steigt das Einkommen wieder und der Rückgang der Investitionen wird gebremst.[15]

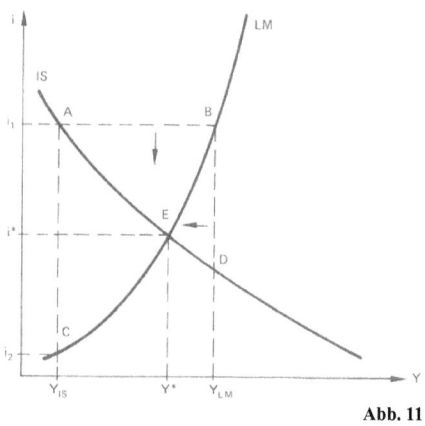

Abb. 11

---

[15] vgl. Einführung in die Makroökonomie S.84/85

Fazit:

Das IS-LM-Modell ist ein Modell, mit dem man sich schnell einen Überblick verschaffen kann, bei welchem Einkommen und Zinssatz das Marktgleichgewicht vom Güter- und Geldmarkt herrscht. Es ist, wenn man es einmal durchschaut hat, sehr einfach aufgebaut und es lassen sich schnell Werte ändern. Des weiteren kann es sehr nützliche Hinweise geben, für den Fall, dass kein Marktgleichgewicht herrscht, welche Auswirkungen zu erwarten sind. Allerdings ist dieses Modell an sehr viele Prämissen gebunden und wie fast alle Modelle in der Realität oft nicht einsetzbar. Daher ist es in der Praxis nicht allzu nützlich.

Zusammenfassend kann ich sagen, dass das Modell in einer theoretischen Denkweise nützlich ist, und wichtige Hinweise zum Lösen von Problemen in der Realität bietet.

Literaturverzeichnis:

Thorsten, Hans; Carlo, Strub (2004): Grundzüge der analytischen Makroökonomie. Berlin; Heidelberg; New York: Springer-Verlag.

Ingo, Barens; Volker, Caspari (1994): Das IS-LM-Modell: Entstehung und Wandel. 1 Band. Marburg: Metropolis-Verlag.

Sigurt, Klatt (1987): Einführung in die Makroökonomie. Komarativ-statische Theorie des Einkommens und der Beschäftigung. München; Wien: R. Oldenbourg Verlag.

Andre W., Heinemann (2004): Das IS-LM-Modell. Skriptum zur Grundstudiumveranstaltung „Makroökonomie I und II". Bremen: Universität Bremen.

Wilhelm, Lorenz (2009): >>Die IS-Kurve<<. URL: http://makroo.de/Das%20keynesianische%20Modell/Der%20Guetermarkt/Die%20IS-Kurve.htm [Stand: 8. Mai 2010].

Wilhelm, Lorenz (2009): >>Die Spekulationskasse<<. URL: http://makroo.de/Das%20keynesianische%20Modell/Der%20Geldmarkt/Die%20Spekulationskasse.htm [Stand: 8. Mai 2010].

Wilhelm, Lorenz (2009): >>Die Transaktionskasse<<. URL: http://makroo.de/Das%20keynesianische%20Modell/Der%20Geldmarkt/Die%20Transaktionskasse.htm [Stand: 8. Mai 2010].

Quellennachweis für die Abbildungen:

Abb. 1
Wilhelm, Lorenz (2009): >>Abbildung 1<<.
URL:
http://makroo.de/Das%20keynesianische%20Modell/Der%20Guetermarkt/gifs/ISKuve_Abb1c.gif
[Stand: 8. Mai 2010].

Abb. 2
Wilhelm, Lorenz (2009): >>Abbildung 3<<.
URL: http://makroo.de/Das%20keynesianische%20Modell/Der%20Guetermarkt/gifs/Die%20IS-Kurve_Abb3.gif [Stand: 8. Mai 2010].

Abb. 3
Wilhelm, Lorenz (2009): >>Abbildung 4<<.
URL: http://makroo.de/Das%20keynesianische%20Modell/Der%20Guetermarkt/gifs/Die%20IS-Kurve_Abb4a.gif [Stand: 8. Mai 2010].

Abb. 4
Sigurt, Klatt (1987): Einführung in die Makroökonomie. Komarativ-statische Theorie des Einkommens und der Beschäftigung. München; Wien: R. Oldenbourg Verlag. Seite 59. Abb. I-24.

Abb. 5
Wilhelm, Lorenz (2009): >>Abbildung 1<<.
URL:
http://makroo.de/Das%20keynesianische%20Modell/Der%20Geldmarkt/gifs/Transaktionskasse_Abb1.gif [Stand: 8. Mai 2010].

Abb. 6/7
Wilhelm, Lorenz (2009): >>Abbildung 1<<.
URL:
http://makroo.de/Das%20keynesianische%20Modell/Der%20Geldmarkt/gifs/Spekulationskasse_Abb1a.gif [Stand: 8. Mai 2010].

Abb. 8
Wilhelm, Lorenz (2009): >>Abbildung 2<<.
URL: http://makroo.de/Das%20keynesianische%20Modell/Der%20Geldmarkt/gifs/LM-Kurve_Abb2a.gif [Stand: 8. Mai 2010].

Abb. 9
Wilhelm, Lorenz (2009): >>Abbildung 4<<.
URL: http://makroo.de/Das%20keynesianische%20Modell/Der%20Geldmarkt/gifs/LM-Kurve_Abb4b.gif [Stand: 8. Mai 2010].

Abb. 10
Wilhelm, Lorenz (2009): >>Abbildung 1<<.
URL: http://makroo.de/Das%20keynesianische%20Modell/ISLM/gifs/ISLM_Abb1.gif
[Stand: 8. Mai 2010].

Abb. 11
Sigurt, Klatt (1987): Einführung in die Makroökonomie. Komarativ-statische Theorie des Einkommens und der Beschäftigung. München; Wien: R. Oldenbourg Verlag. Seite 85. Abb. II-4.